NATHALIE COMBIER

Photographies : Alain Gelberger
Stylisme : Catherine Bouillot

Les meilleures PURÉES ET COMPOTES

40 recettes salées et sucrées

Minerva

Avant-propos

Qui n'a pas dans un petit coin de sa mémoire le souvenir de LA bonne purée de pommes de terre maison, de son enfance ? Mais la purée ne se résume pas aux seules pommes de terre. Elle peut se décliner de multiples façons. Je vous propose donc ici l'éventail de mes recettes de purées ainsi que mes compotes. Vous retrouverez dans cet ouvrage aussi bien des préparations incontournables que des classiques revisités et de nouveaux mariages, dans le souci permanent de sublimer le goût de nos fruits et légumes les plus simples, au gré des saisons.

Amusez-vous à surprendre vos proches, enfants ou amis, par le goût de ces purées mais également par leurs présentations : pyramides, quenelles, puits, moulages, crêpes, gratinées… Donnez libre cours à votre imagination en n'oubliant pas les herbes fraîches et les aromates dans les purées, et la large gamme de petits décors pour les compotes.

La meilleure façon de réduire en purée ces fruits et ces légumes reste d'utiliser le presse-purée d'antan, d'usage facile et bon marché, et qui donne un résultat parfait pour les légumes. Vous pouvez également avoir recours au moulin à légumes, qui fait aujourd'hui son retour dans nos cuisines. Pour les plus courageux, il y a toujours la fourchette ; ce sera un peu plus long, mais le résultat sera identique.

Pour les compotes, en revanche, ayez recours au mixeur. Sauf celles des enfants, ne mixez pas trop longtemps pour avoir le plaisir de conserver de la texture et des morceaux de fruits. Pour conserver leur bon goût, sucrez-les modérément. Bien sûr, les « becs sucrés » – notamment les plus jeunes – pourront toujours ajouter une ou deux cuillerées à soupe de sucre semoule, parade idéale à l'acidité naturelle de certains fruits.

J'espère donc que ces recettes de purées destinées à tous, de 7 mois à 77 ans et plus, vous permettront de redécouvrir le goût de certains fruits et légumes que vous aviez peut-être oubliés.

Nathalie Combier

À mes enfants et mon mari

Sommaire

PUR

ÉES

Artichauts

Pour 4 personnes

1 kg de cœurs d'artichaut surgelés • 3 pommes de terre moyennes type bintje • 3 c. à soupe d'huile de noisette • 4 c. à soupe de crème fraîche épaisse • 30 g de beurre • noix de muscade • gros sel • sel, poivre du moulin

Épluchez, lavez et coupez en quatre les pommes de terre puis faites-les cuire dans une casserole d'eau froide salée pendant environ 20 min.

Pendant ce temps, faites cuire à l'eau bouillante les cœurs d'artichaut 20 min. Vérifiez leur cuisson avec la pointe d'un couteau. Égouttez-les.

Dans une poêle, faites fondre le beurre sur feu doux, puis ajoutez les cœurs d'artichaut et les quartiers de pommes de terre. Faites dorer les légumes pendant environ 8 min en les remuant régulièrement. Lorsque les légumes sont dorés, surveillez la cuisson et ajoutez un peu d'eau si nécessaire pour éviter qu'ils attachent.

Réduisez-les en purée, ajoutez la crème et mélangez. Salez si nécessaire et donnez deux tours de moulin à poivre et un tour de moulin à muscade. Ajoutez l'huile de noisette et remuez.

Servez aussitôt en accompagnement d'une belle côte de veau fermier.

Aubergines et chèvre

Pour 4 personnes

6 aubergines moyennes • 9 c. à soupe d'huile d'olive • 300 g de fromage de chèvre frais • 2 pincées de cumin en poudre • 4 tours de moulin à poivre aux trois poivres

Préchauffez le four en position gril.

Lavez les aubergines. Déposez-les dans un plat et faites-les griller au four. Laissez-les noircir en les retournant régulièrement. Lorsqu'elles sont noires et boursouflées, retirez-les du four et recouvrez-les de papier d'aluminium. Laissez tiédir pendant environ 10 min, ôtez la peau et récupérez la chair à l'aide d'une cuillère.

Dans une cocotte, faites chauffer sur feu vif 6 c. à soupe d'huile d'olive et faites revenir la chair d'aubergine pendant environ 4 min. Réservez.

Dans une jatte, écrasez le fromage à la fourchette, donnez deux tours de moulin à poivre, ajoutez le reste de l'huile d'olive et les aubergines, puis mixez. Ajoutez le cumin et donnez à nouveau deux tours de moulin à poivre.

Servez cette purée tiède ou froide, en accompagnement d'une tranche de bœuf froid ou sur du pain toasté.

Pour obtenir un goût plus prononcé, utilisez du fromage de chèvre en bûche. Pour varier, vous pouvez le remplacer par de la ricotta ou de la crème de mascarpone.

Brocolis et cantal

Pour 4 personnes

1 kg de brocolis • 150 g de cantal doux • 2 pommes de terre moyennes type bintje • 50 g de beurre • baies roses (facultatif) • muscade • gros sel • sel, poivre du moulin

Lavez et préparez les brocolis. Ôtez la croûte du fromage et découpez-le en petits morceaux.

Lavez et épluchez les pommes de terre. Coupez-les en quatre puis faites-les cuire dans une casserole d'eau froide salée, pendant 20 min. Vérifiez la cuisson, égouttez-les et réduisez-les en purée en ajoutant 10 g de beurre.

Dans un faitout d'eau salée, jetez les brocolis et laissez-les cuire 20 min à partir de l'ébullition. Vérifiez la cuisson et égouttez-les.

Dans une jatte, versez les brocolis, ajoutez le beurre restant et mixez. Ajoutez la purée de pommes de terre et mélangez. Salez si nécessaire, donnez deux tours de moulin à poivre, râpez de la muscade et incorporez le cantal. La chaleur de la purée fera ainsi légèrement fondre le fromage.

Servez immédiatement cette purée parsemée de quelques copeaux de cantal et de baies roses, en accompagnement d'une tranche de jambon blanc aux herbes.

Pour les petits : selon l'âge de l'enfant, proposez cette purée avec ou sans fromage en accompagnement de jambon blanc.

Lentilles du Puy et lard fumé

Pour 4 personnes

300 g de lentilles sèches du Puy • 200 g de lard fumé • 1 cube de bouillon de bœuf • 1 oignon jaune • 4 c. à soupe de crème fraîche épaisse • 2 c. à soupe de persil haché • gros sel • sel, poivre du moulin

Rincez les lentilles. Épluchez l'oignon. Découpez le lard en petites lamelles.

Dans une poêle, faites revenir les lamelles de lard sans adjonction de matière grasse. Laissez-les griller pendant quelques minutes et déposez-les sur du papier absorbant.

Pendant ce temps, diluez le cube de bouillon dans un grand faitout d'eau salée et faites cuire les lentilles avec l'oignon pendant environ 25 min à compter de l'ébullition. Lorsqu'elles sont cuites, égouttez les lentilles et l'oignon en réservant dans un bol 3 louches du bouillon de cuisson.

Dans une grande jatte, versez les lentilles et l'oignon, ajoutez 1 louche de bouillon, la crème, salez, si nécessaire, et donnez deux tours de moulin à poivre.

Mixez cette préparation. Ajoutez à nouveau 1 à 2 louches de bouillon en fonction de la consistance que vous souhaitez obtenir. Incorporez le persil haché.

Servez la purée en l'accompagnant des lamelles de lard grillé.

Pour une présentation à l'assiette, achetez le lard en tranches épaisses d'environ 4 mm et faites-les griller dans une poêle sans adjonction de matière grasse. Attachez-les par une pique et servez la purée au centre.

Carottes

Pour 4 personnes

1 kg de carottes • 1 pomme de terre type bintje • 2 échalotes • 40 g de beurre • 4 c. à soupe de crème fraîche épaisse • 3 c. à soupe de persil haché • sel, poivre du moulin

Lavez et épluchez les carottes et la pomme de terre. Coupez la pomme de terre en quatre et les carottes en rondelles épaisses. Faites-les cuire à la vapeur et égouttez-les. Pendant ce temps, épluchez et ciselez les échalotes.

Dans une poêle, faites fondre le beurre sur feu doux et ajoutez les échalotes. Faites-les dorer pendant 3 ou 4 min en veillant à ce qu'elles n'attachent pas. Ajoutez les carottes et la pomme de terre et laissez-les dorer pendant environ 4 min. Lorsque les légumes sont colorés, vous pouvez ajouter un peu d'eau en cours de cuisson pour éviter qu'ils attachent.

Réduisez les légumes en purée, ajoutez la crème et le persil, puis mélangez. Salez et poivrez selon votre goût.

Servez immédiatement en accompagnement d'un jambon persillé ou fumé et de quelques pommes de terre rissolées.

Pour les petits : un grand classique ; mixez le jambon avec la purée de carottes et quelques pommes de terre rissolées.

Courgettes et curry

Pour 4 personnes

1,5 kg de courgettes • 4 pommes de terre moyennes type bintje • 3 c. à soupe de crème fraîche épaisse • 3 pincées de curry • gros sel • sel, poivre du moulin

Lavez et épluchez les pommes de terre et les courgettes. Découpez les courgettes en rondelles épaisses et faites-les cuire à la vapeur pendant environ 10 min. Égouttez-les.

Mettez les pommes de terre dans une casserole d'eau froide salée, et faites-les cuire environ 20 min. Égouttez-les.

Dans une jatte, mélangez les courgettes égouttées et les pommes de terre, ajoutez la crème et le curry, salez si nécessaire et donnez deux tours de moulin à poivre, puis mixez l'ensemble.

Servez immédiatement cette purée parsemée d'herbes de Provence, en accompagnement d'une viande grillée, au barbecue ou au four.

Pour que les courgettes soient parfaitement égouttées, faites-les cuire la veille ou déposez-les dans un torchon en les serrant fortement.

Pour une purée plus consistante, ajoutez une ou deux pommes de terre.

Pour les petits : dans la purée très chaude, ajoutez 2 c. à soupe de semoule fine. Laissez-la gonfler à couvert environ 5 min. Incorporez la viande moulinée… Un régal !

Chou-fleur

Pour 4 personnes

1 kg de chou-fleur surgelé • 3 belles pommes de terre type bintje • 6 Kiri® • quelques pluches de persil plat • gros sel • poivre du moulin

Lavez et épluchez les pommes de terre. Coupez-les en quatre et faites-les cuire avec le chou-fleur dans 2 l d'eau salée. Comptez environ 20 min à partir de l'ébullition. Lorsque ces deux légumes sont cuits, égouttez-les.

Mixez le chou-fleur, les pommes de terre et le Kiri. Donnez deux tours de moulin à poivre. Vérifiez l'assaisonnement et rectifiez si nécessaire.

Servez la purée décorée de persil.

Vous pouvez remplacer le fromage par 3 c. à soupe de crème épaisse. Si vous souhaitez que la purée soit plus fluide, vous pouvez mettre moins de pommes de terre ou même ne pas en mettre du tout.

Pour les petits : il est préférable de mélanger dans les mêmes proportions chou-fleur et pommes de terre.

Flageolets verts

Pour 4 personnes

300 g de flageolets verts secs • 1 oignon jaune • 1 échalote • 4 c. à soupe d'huile de tournesol • 1 cube de bouillon de volaille • 5 c. à soupe de crème fraîche épaisse • 2 c. à soupe de persil haché • sel, poivre du moulin

Rincez les flageolets. Épluchez et émincez l'oignon et l'échalote.

Dans une poêle, faites chauffer l'huile et faites dorer sur feu moyen l'oignon et l'échalote pendant 5 min. Remuez régulièrement et ajoutez un peu d'eau si cela commence à attacher. Réservez.

Dans une grande casserole d'eau, diluez le cube de bouillon et faites cuire les flageolets. Pensez à remuer pour qu'il soit correctement dilué. Laissez cuire environ 25 min à partir de l'ébullition de l'eau.

En fin de cuisson, réservez 3 louches de bouillon, puis égouttez les flageolets. Mixez-les avec l'oignon, l'échalote et la crème. Salez, donnez deux tours de moulin à poivre. Ajoutez du bouillon de cuisson selon la consistance que vous souhaitez obtenir.

Servez la purée parsemée du persil, en accompagnement de côtes d'agneau grillées.

Épinards et haricots verts

Pour 4 personnes

1,5 kg d'épinards frais • 400 g de haricots verts • 2 pommes de terre moyennes type bintje • 50 g de beurre • 3 c. à soupe de crème fraîche épaisse • 100 g de cantal jeune (facultatif) • gros sel • sel, poivre du moulin

Équeutez les haricots et lavez-les. Lavez abondamment les épinards. Coupez ou ôtez les branches trop épaisses. Égouttez-les.

Épluchez les pommes de terre, coupez-les en quatre et faites-les cuire à la vapeur.

Dans un grand faitout d'eau salée, jetez les haricots verts dès que l'eau bout et laissez-les cuire environ 25 min. Vérifier la cuisson et égouttez-les.

Dans une cocotte, faites chauffer sur feu moyen le beurre et ajoutez les épinards. Le volume initial va très rapidement diminuer. Salez et donnez deux tours de moulin à poivre. Laissez-les cuire quelques min sans les couvrir. Remuez-les de temps en temps.

Lorsqu'ils sont cuits, mettez-les dans une jatte, ajoutez les haricots verts, les pommes de terre, la crème et mixez le tout. Rectifiez l'assaisonnement.

Servez immédiatement la purée parsemée de petits dés de cantal jeune, en accompagnement d'un poisson.

Pour les petits : une purée toute verte qui ira très bien avec un petit filet de poisson sans arête…

Fèves et safran

Pour 4 personnes

1 kg de fèves surgelées • 10 c. à soupe d'huile d'olive • 1 c. à café de safran en poudre • 6 Kiri® • gros sel • sel, poivre du moulin

Faites cuire les fèves dans 2 l d'eau salée pendant environ 20 min. Égouttez-les, laissez-les tiédir puis ôtez la peau, qui part très facilement. Réservez quelques fèves pour la décoration.
Dans une poêle, faites chauffer la moitié de l'huile avec le safran et ajoutez les fèves. Faites-les dorer pendant environ 7 min en les remuant régulièrement et en ajoutant 1 c. à soupe d'huile si nécessaire.
Mixez les fèves avec les Kiri et le reste de l'huile. Salez si nécessaire, donnez deux tours de moulin à poivre.
Présentez cette purée à l'assiette, décorée de quelques fèves et accompagnée de bûchettes de chèvre roulées dans des lamelles de jambon cru.

Vous pouvez remplacer le fromage par 3 c. à soupe de crème épaisse. Si vous souhaitez que la purée soit plus fluide, vous pouvez mettre moins de pommes de terre ou même ne pas en mettre du tout.

Pour les petits : purée idéale pour découvrir ce nouveau goût, accompagnée d'une tranche de jambon blanc plus facile à mouliner.

Marrons et lard grillé

Pour 4 personnes

850 g de marrons en bocaux • 1 cube de bouillon de bœuf • 150 g de lard fumé • 40 g de beurre • 3 c. à soupe de crème fraîche épaisse • 1 c. à soupe de persil haché • sel, poivre du moulin

Diluez le cube de bouillon dans 50 cl d'eau bouillante. Découpez le lard en lamelles dans le sens de la largeur.

Dans une poêle, faites revenir le lard sans ajout de matière grasse. Laissez-le dorer pendant environ 5 min en le retournant de temps en temps puis égouttez-le sur du papier absorbant.

Dans une autre poêle, faites fondre le beurre sur feu doux et ajoutez les marrons. Laissez-les dorer pendant environ 7 min en ajoutant de temps en temps le bouillon pour éviter qu'ils n'attachent ou ne soient trop secs.

Réduisez-les en purée en ajoutant un peu de bouillon pour faciliter votre travail. Ajoutez la crème et le persil et mélangez. Salez si nécessaire et donnez deux tours de moulin à poivre. Si vous estimez que la purée est encore trop compacte, ajoutez encore un peu de bouillon.

Servez cette purée accompagnée du lard grillé, éventuellement parsemée de persil haché.

Cette purée se substituera facilement aux marrons de Noël pour accompagner dindes et chapons.

Sans attendre la fin d'année, elle sera délicieuse avec un rôti de porc.

Pois chiche

Pour 4 personnes

300 g de pois chiches • 2 c. à soupe de pâte de sésame • 1 gousse d'ail • 1 citron • 3 c. à soupe d'huile d'olive • 2 pincées de cumin • 1 pincée de piment de Cayenne • 1 c. à café de • persil haché • sel, poivre du moulin

La veille, faites tremper les pois chiches dans l'eau froide.

Le jour même, dans un grand faitout d'eau froide, faites cuire les pois chiches pendant 30 min à compter de l'ébullition. Ne salez pas l'eau car cela les durcirait.

Épluchez et écrasez l'ail. Pressez le citron.

Lorsque les pois chiches sont cuits, égouttez-les et mettez-les dans une jatte. Ajoutez l'ail, la pâte de sésame, le jus de citron et l'huile d'olive. Mixez le tout. Ajoutez le cumin, le piment et le persil, salez et donnez deux tours de moulin à poivre. Mélangez.

Servez cette purée chaude ou tiède, en accompagnement de viande d'agneau ou de porc.

Laissez cette purée au réfrigérateur et dégustez-la sur une tranche de pain grillé arrosée d'un filet d'huile d'olive (c'est ainsi que je la préfère...).

Potimarron et châtaignes

Pour 4 personnes

600 g de potimarron cuit • 400 g de châtaignes cuites en bocal • 1 cube de bouillon de bœuf • 150 g de lard fumé • 2 c. à soupe de crème fraîche épaisse • 30 g de beurre • muscade • sel, poivre du moulin

Diluez le cube de bouillon dans 50 cl d'eau bouillante. Coupez le lard en fines lamelles.

Dans une poêle, faites fondre le beurre sur feu doux et faites revenir les châtaignes pendant environ 12 min en les mouillant régulièrement avec le bouillon de bœuf.

Dans une autre poêle, faites revenir sur feu vif pendant 5 min les lamelles de lard sans adjonction de matière grasse. Veillez à ce qu'elles ne grillent pas trop. Baissez l'intensité du feu si nécessaire. Déposez les lamelles sur du papier absorbant.

Égouttez les châtaignes. Mixez le potimarron avec la crème et les châtaignes. Rectifiez l'assaisonnement si nécessaire et donnez deux tours de moulin à poivre et un tour de moulin à muscade. Ajoutez un peu de bouillon pour allonger cette purée en fonction de la consistance que vous souhaitez obtenir.

Servez cette purée avec le lard, accompagnée de jambon cru de montagne et d'une salade à la vinaigrette relevée.

Potiron et parmesan

Pour 4 personnes

1,2 kg de potiron • 3 c. à soupe de farine fluide • 6 c. à soupe de crème fraîche épaisse • 6 c. à soupe de parmesan râpé • 1 petit morceau de parmesan • muscade • sel, poivre du moulin

Découpez le potiron en morceaux. Épluchez-le puis ôtez les graines et les filaments.

Faites cuire le potiron à la vapeur pendant 20 min environ. Égouttez-le puis mixez-le avec la farine et la crème. Ajoutez le parmesan, mélangez, salez et donnez deux tours de moulin à poivre et un tour de moulin à muscade.

Servez aussitôt cette purée décorée de quelques copeaux de parmesan, en accompagnement d'un rôti de veau.

Afin que le potiron soit bien égoutté, faites-le cuire la veille et laissez-le égoutter toute la nuit.

Vous pouvez utiliser du potiron surgelé que vous laisserez décongeler et égoutter toute la nuit également.

Pour les petits : faites-leur découvrir la version salée, mais en cas d'échec essayez la version sucrée, 300 g de potiron cuit, 2 c. à soupe de sucre semoule, 2 c. à soupe de crème fraîche, mixez le tout et ajoutez une pincée de sel !

Petits pois et asperges

Pour 4 personnes

600 g d'asperges vertes surgelées • 750 g de petits pois surgelés • 30 g de beurre • 6 c. à soupe de crème fraîche épaisse • 1 petit morceau de parmesan • gros sel, poivre du moulin

Portez à ébullition un grand faitout d'eau salée. Ajoutez les asperges. Laissez-les cuire jusqu'à ce qu'elles soient tendres, vérifiez en piquant avec la pointe d'un couteau.

Dans le même temps, portez à ébullition une grande casserole d'eau salée et jetez-y les petits pois. Laissez-les cuire environ 20 min.

Dans une poêle, faites revenir le beurre sur feu moyen et faites dorer pendant 4 min environ les asperges égouttées en les retournant délicatement afin qu'elles dorent doucement sur chaque face. Laissez-les refroidir un peu, puis égouttez-les.

Réservez 2 pointes d'asperges pour la décoration, et mixez le reste des pointes avec les petits pois égouttés et la crème. Donnez deux tours de moulin à poivre.

Décorez avec les 2 pointes d'asperges et servez immédiatement avec quelques copeaux de parmesan.

En saison, n'hésitez pas à utiliser des produits frais et décorez de ciboulette !

Pois cassés

Pour 4 personnes

400 g de pois cassés • 1 cube de bouillon de volaille • 4 c. à soupe de crème fraîche épaisse • 2 c. à soupe de persil haché • 1 c. à café de cerfeuil • sel, poivre du moulin

Rincez les pois cassés.

Dans un grand faitout d'eau froide, versez les pois cassés. Laissez-les cuire pendant 30 min à compter de l'ébullition et ajoutez le cube de bouillon de volaille. Vérifiez la cuisson. Réservez 3 louches de bouillon, et égouttez-les.

Dans une jatte, versez les pois cassés, ajoutez la crème et mixez. Si vous trouvez le mélange trop épais, ajoutez un peu de bouillon. Ajoutez le persil et le cerfeuil, salez si nécessaire, donnez deux tours de moulin à poivre.

Servez aussitôt cette purée avec un gigot ou un rôti de porc, sans hésiter à creuser un petit puits et à le remplir de sauce !

Si vous souhaitez une purée moins dense (et plus riche), ajoutez plus de crème.

Pour les petits : n'ajoutez ni le cerfeuil, ni le persil pas toujours appréciés des petits palais…

Poivrons

Pour 4 personnes

4 poivrons rouges • 3 poivrons jaunes • 2 c. à soupe de crème fraîche épaisse • 2 c. à soupe d'huile d'olive • 1/2 gousse d'ail • 1 pincée de piment d'Espelette ou piment de Cayenne • sel, poivre du moulin

Préchauffez le four en position gril.

Lavez et essuyez les poivrons. Placez-les sur la plaque du four et laissez-les noircir en les retournant de temps en temps. Lorsqu'ils sont noircis et boursouflés sur chaque face, retirez-les et enveloppez-les de papier d'aluminium. Laissez-les tiédir puis épluchez-les. Découpez-les en lamelles, ôtez les cœurs et les pépins et déposez-les dans une jatte.

Épluchez l'ail, écrasez-le à l'aide d'un presse-ail et ajoutez-le au poivron. Arrosez d'huile d'olive, salez et donnez deux tours de moulin à poivre. Mélangez puis laissez mariner un quart d'heure en les remuant de temps en temps. Ajoutez la crème épaisse, la pincée de piment et mixez le tout.

Servez cette purée chaude, tiède ou fraîche, en accompagnement d'une terrine de légumes ou d'une viande froide.

Vous pouvez réaliser cette recette avec des poivrons déjà cuits que vous trouverez en bocaux dans les grandes surfaces.

Pour la rendre plus consistante, ajoutez 8 Carrés frais® (ou de la brousse) et une pincée de paprika, et farcissez des petites tomates crues ou des courgettes rondes précuites.

Variante : servez-la à l'apéritif sur une tranche de pain de campagne grillé ou des petits pains au lait.

Navets et vinaigre de cidre

Pour 4 personnes

1 kg de navets • 1 grosse pomme de terre type bintje • 40 g de beurre • 4 c. à soupe de vinaigre de cidre • 4 c. à soupe de crème fraîche épaisse • sel, poivre du moulin

Lavez et épluchez les navets et la pomme de terre. Coupez-les en quatre. Faites-les cuire à la vapeur pendant 8 min. Retirez les morceaux de pommes de terre et écrasez-les à la fourchette.

Dans une poêle, faites chauffer sur feu doux le beurre et le vinaigre et faites dorer les navets pendant 5 min. Ajoutez un peu d'eau en cours de cuisson si nécessaire.

Dans une jatte, mixez les navets dorés avec la pomme de terre écrasée et la crème. Salez, donnez deux tours de moulin à poivre.

Servez aussitôt en accompagnement de magrets de canard fumés ou rôtis.

Faites dorer à la poêle quelques lamelles de navets crus dans un beurre bien chaud. Vous obtiendrez alors quelques « chips » de navets que vous présenterez sur la purée. Vous pouvez également parsemer de quelques grains de poivre concassés.

Trois légumes

Pour 4 personnes

6 carottes • 4 pommes de terre moyennes type bintje • 4 courgettes • 6 c. à soupe de lait demi-écrémé • 40 g de beurre • 1 échalote • 3 c. à soupe de crème fraîche épaisse • noix de muscade • sel, poivre du moulin

Lavez, épluchez et coupez les légumes en rondelles ou en cubes. Faites-les cuire individuellement à la vapeur.

Épluchez l'échalote et ciselez-la. Dans une grande poêle, faites fondre sur feu doux le beurre et l'échalote pendant 3 min. L'échalote doit être juste dorée.

Ajoutez les légumes et laissez-les dorer légèrement pendant environ 7 min. Lorsque les légumes sont dorés, surveillez leur cuisson et ajoutez si nécessaire un peu d'eau pour éviter qu'ils attachent.

Retirez les pommes de terre, réduisez-les en purée et ajoutez le lait. Mixez les carottes, les courgettes et l'échalote avec la crème et mélangez-les à la purée de pommes de terre. Salez si nécessaire, donnez deux tours de moulin à poivre et à muscade.

Servez aussitôt en accompagnement d'un poulet rôti, parsemé de thym.

Pour les petits : délicieuse avec le blanc de poulet des grands !

Crêpes de purée

Pour 4 personnes

500 g de pommes de terre type bintje • 6 c. à soupe de lait entier • 2 œufs • 2 c. à soupe de farine fluide • 3 c. à soupe d'huile de tournesol • gros sel • sel, poivre du moulin

Épluchez, lavez et coupez en quatre les pommes de terre. Faites-les cuire dans une casserole d'eau froide salée pendant environ 20 min, puis réduisez-les en purée.

Dans une jatte, mélangez la purée et le lait. Creusez un puits au centre. Ajoutez les œufs, la farine et battez ce mélange au fouet. Salez et donnez deux tours de moulin à poivre.

Dans une poêle antiadhésive, faites chauffer l'huile sur feu vif. À l'aide d'une cuillère à soupe, déposez un peu de purée, et étalez en forme de petites crêpes. Retournez-les dès qu'elles sont dorées et déposez-les sur du papier absorbant. Renouvelez l'opération jusqu'à ce qu'il n'y ait plus de purée.

Servez les crêpes tièdes en accompagnement d'une viande ou d'une salade verte.

Pour les petits : c'est peut-être l'occasion de leur faire découvrir la version, légèrement sucrée, de la petite crêpe de pommes de terre.

Ratatouille et tapenade

Pour 4 personnes

800 g de ratatouille maison • 5 pommes de terre moyennes type bintje • 50 g d'olives noires dénoyautées • 1 pot de tapenade noire • 6 c. à café d'huile d'olive • sel, poivre du moulin

Lavez, épluchez et coupez en quatre les pommes de terre. Faites-les cuire à la vapeur. Égouttez-les.

Coupez les olives en deux. Dans un bol, mélangez la tapenade, les olives et 2 c. à café d'huile d'olive.

Réduisez les pommes de terre en purée et ajoutez 2 c. à café d'huile d'olive.

Réservez 4 c. à soupe de ratatouille et mixez le reste. Mélangez la ratatouille mixée à la purée de pommes de terre. Salez si nécessaire et donnez deux tours de moulin à poivre.

Servez cette purée chaude, tiède ou froide, arrosée du reste d'huile d'olive et accompagnée de tapenade et d'un petit peu de ratatouille.

Vous pouvez également la déguster sur une tranche de pain grillée, arrosée d'un filet d'huile d'olive, et parsemée de copeaux de parmesan.

Tomates épicées

Pour 4 personnes

2 grosses boîtes de tomates pelées • 6 c. à soupe d'huile d'olive • 1/2 tube de concentré de tomate • 1/2 gousse d'ail • 1 oignon jaune • 1 échalote • 2 pincées de piment d'Espelette • 1 pincée d'origan • sel, poivre du moulin

Égouttez les tomates et ôtez les parties un peu dures. Épluchez l'ail et écrasez-le. Épluchez l'oignon et l'échalote et émincez-les.

Dans une poêle, faites chauffer sur feu vif l'huile d'olive et ajoutez l'oignon, l'échalote, l'ail et les tomates. Salez et donnez un tour de moulin à poivre. Laissez cette préparation réduire pendant 15 min. Vous devez obtenir des tomates compotées.

Dans une jatte, versez le contenu de la poêle, ajoutez le concentré de tomate, le piment d'Espelette et l'origan, puis mélangez.

Servez cette purée chaude, tiède ou froide, arrosée d'un filet d'huile d'olive.

Cette purée est idéale en été, accompagnée d'un fromage de chèvre mi-sec et de tartines de pain de campagne grillées, ou en hiver en accompagnement de pâtes ou d'une tranche de rôti froid.

La purée de pommes de terre

Pour 4 personnes

1 kg de pommes de terre • 6 c. à soupe de lait entier • 150 g de beurre • muscade (facultatif) • sel, poivre du moulin

Sortez le beurre et laissez-le ramollir à température ambiante.

Lavez et épluchez les pommes de terre. Coupez-les en quatre. Faites-les cuire à la vapeur pendant 12 min. Réduisez-les en purée en ajoutant le lait en même temps afin de rendre la préparation plus onctueuse et plus facile à écraser.

Découpez le beurre en petits dés et incorporez-le aux pommes de terre. Mélangez jusqu'à ce que le beurre soit complètement fondu. Donnez deux tours de moulin à poivre, deux tours de moulin à muscade et salez si nécessaire.

Ce grand classique sera servi en accompagnement d'un poulet rôti ou d'un rosbif, car il est indispensable de former un puits dans la purée afin de le remplir de jus…

Vous pouvez remplacer le beurre par une huile d'olive fruitée que vous incorporerez en écrasant les pommes de terre.

Pour les petits : dès tout petit, on fait le puits… et on raconte des histoires… de puits.

COMP

OTES

Ananas et mangue

Pour 4 personnes

1 ananas • 1/2 mangue • 1/2 citron • 1 sachet de sucre vanillé • 1 c. à soupe de miel liquide • 2 pincées de gingembre • quelques feuilles de menthe

Pressez le demi-citron. Épluchez la mangue et l'ananas en ôtant la partie centrale dure.

Coupez l'ananas en cubes et citronnez-les, puis coupez la mangue en dés.

Mixez l'ananas et la mangue, ajoutez le sucre vanillé, le miel et le gingembre.

Servez frais avec quelques feuilles de menthe ciselées à la dernière minute et quelques gaufrettes.

Pour les petits : lire, en les croquant, les petites phrases rigolotes des gaufrettes.

Brugnons et pêches

8 brugnons • 2 pêches jaunes • 25 cl d'eau • 50 g de sucre semoule • 1 bâton de cannelle • 20 g de beurre • 1 sachet de sucre vanillé • 4 c. à café de gelée de groseille

Lavez les brugnons et épluchez les pêches. Coupez-les en quartiers et ôtez les noyaux.

Dans une casserole, versez 25 cl d'eau, le sucre, la cannelle et les brugnons. Faites chauffer ce mélange sur feu vif pendant environ 10 min. Retirez-le du feu et laissez pocher les fruits pendant 10 min.

Dans une poêle, faites revenir dans le beurre, sur feu vif, les pêches avec le sucre vanillé. Faites-les dorer pendant environ 4 min en les retournant de temps en temps.

Égouttez les brugnons, mettez-les dans une jatte et mixez-les avec les pêches.

Servez cette purée fraîche, accompagnée de gelée de groseille et de palets bretons.

Vous pouvez faire dorer une pêche coupée en lamelles et la présenter sur le bord de l'assiette.

Framboises et pêches

Pour 4 personnes

600 g de framboises • 4 pêches jaunes ou blanches • 8 c. à soupe de sucre semoule • 20 cl d'eau

Épluchez les pêches, ôtez la peau, coupez-les en quartiers et ôtez les noyaux.

Dans une casserole, faites cuire sur feu moyen les quartiers de pêches avec l'eau et le sucre pendant environ 7 min à partir de l'ébullition. Égouttez.

Rincez et égouttez les framboises. Réservez-en quelques-unes pour la décoration. Mettez-les dans une jatte avec les pêches égouttées et écrasez-les avec une fourchette.

Servez cette purée tiède ou froide, décorée de quelques framboises entières et accompagnée de macarons.

Bananes flambées

Pour 4 personnes

6 bananes • 1 citron vert • 8 c. à soupe de rhum brun • 2 sachets de sucre vanillé • 40 g de beurre • 20 pépites de chocolat

Épluchez les bananes et coupez-les en grosses rondelles. Déposez-les dans une assiette et arrosez-les avec le jus de citron. Saupoudrez d'un sachet de sucre vanillé, puis écrasez-les avec une fourchette.

Dans une poêle, faites fondre le beurre sur feu vif et ajoutez les bananes écrasées et le deuxième sachet de sucre vanillé. Laissez dorer pendant environ 4 min.

Versez le rhum et approchez une allumette enflammée afin de flamber les bananes (attention !). Mixez les bananes flambées. Laissez-les tiédir.

Servez cette purée parsemée de pépites de chocolat, accompagnée de crêpes ou de gaufres saupoudrées de sucre glace.

Figues et fruits rouges

Pour 4 personnes

800 g de figues violettes • 150 g de framboises • 150 g de mûres • 1 sachet de sucre vanillé • 2 c. à soupe de kirsch • 2 c. à soupe de sucre semoule

Lavez les figues et ôtez les queues. Coupez-les en quartiers et conservez-en douze. Rincez les framboises et les mûres. Réservez quelques framboises pour la décoration.

Dans un saladier, écrasez à la fourchette les framboises et les mûres avec le sucre vanillé.

Dans une jatte, mélangez les figues et le kirsch, mixez-les assez grossièrement, puis ajoutez le mélange framboises-mûres et le sucre semoule.

Servez cette purée froide, décorée de quelques framboises entières et de deux quartiers de figue. Vous pouvez l'accompagner d'un fromage blanc en faisselle.

Hors saison, n'hésitez pas à utiliser des mûres et des framboises surgelées que vous aurez préalablement fait décongeler la veille au réfrigérateur.

Fraises poivrées

Pour 4 personnes

800 g de fraises • 3 bananes • 50 cl de vin rouge type bordeaux • 150 g de sucre semoule • 3 pincées de cannelle • ou 1 bâton de cannelle • 10 grains de poivre noir • 2 c. à soupe de jus de citron • 2 c. à soupe de sucre semoule

Lavez et équeutez les fraises. Coupez-les en deux ou en quatre selon leur taille.

Dans une casserole, versez le vin et le sucre, ajoutez la cannelle et les grains de poivre écrasés. Faites cuire ce mélange sur feu moyen pendant 10 min. Versez ensuite les fraises dans la casserole et laissez-les pocher 10 min.

Épluchez les bananes. Découpez-les en grosses rondelles. Dans une assiette, écrasez-les avec le jus de citron et le sucre.

Égouttez les fraises et mixez-les avec les bananes écrasées. Filtrez le jus des fraises avec une passoire fine.

Servez cette purée froide, accompagnée du jus filtré.

Vous pouvez accompagner cette purée de madeleines pur beurre ou aromatisées à la fleur d'oranger ou au citron. Pour les amateurs de sorbet, un sorbet au cassis ou à la framboise sera idéal.

Cerises

Pour 4 personnes

1 kg de cerises noires • 4 c. à soupe de kirsch • 2 bananes • 30 g de beurre • 3 c. à soupe de sucre semoule

Lavez les cerises. Équeutez-les et ôtez les noyaux. Réservez-en une dizaine dans un bol avec le kirsch. Épluchez les bananes. Découpez-en une en rondelles et ajoutez-les aux cerises macérant dans le kirsch. Remuez délicatement et réservez.

Dans une poêle, faites chauffer le beurre sur feu moyen, versez le reste des cerises, la seconde banane coupée en rondelles et le sucre, puis laissez mijoter jusqu'à ce que les fruits compotent. Mixez-les grossièrement.

Égouttez les cerises et les rondelles de banane trempées dans le kirsch.

Servez les fruits alcoolisés sur la compotée de cerises.

Pour une présentation encore plus raffinée, vous pouvez rouler les fruits alcoolisés dans une assiette de sucre cristallisé. Passez-les quelques minutes au congélateur et déposez-les sur la compotée de cerises accompagnée de sablés.

Oranges confites

Pour 4 personnes

8 oranges • 10 bâtonnets d'orange confite • 25 cl d'eau • 3 c. à soupe de fleur d'oranger • 1 bâton de cannelle • 2 pincées de gingembre • 1 pincée de poivre blanc • 80 g de sucre semoule • 20 g de beurre • 1 sachet de sucre vanillé • 6 feuilles de menthe fraîche

Épluchez les oranges, enlevez soigneusement les peaux blanches, et détaillez-les en quartiers.

Découpez les bâtonnets d'orange confite en petits dés.

Dans une grande casserole, versez l'eau, la fleur d'oranger, la cannelle, le gingembre, le poivre et le sucre. Faites cuire ce mélange pendant 5 min sur feu vif avec un couvercle.

Retirez la casserole du feu, ajoutez les quartiers de 7 oranges et couvrez. Laissez-les pocher pendant 10 min, puis égouttez les oranges et filtrez le jus avec une passoire fine. Mixez les oranges grossièrement.

Dans une poêle, sur feu vif, faites revenir dans le beurre le reste des quartiers d'orange avec le sucre vanillé. Veillez à ce que chaque quartier soit doré. Réservez-les.

Sur chaque assiette, déposez quelques cuillerées d'orange confite, un quartier doré, parsemez de quelques dés d'orange confite, une feuille de menthe, et éventuellement une boule de glace à l'abricot.

Pêches et abricots

Pour 4 personnes

4 pêches jaunes • 10 abricots • 100 g d'abricots secs • 6 c. à soupe d'eau de fleur d'oranger • 20 c. à soupe d'eau • 1 sachet de sucre vanillé • 4 c. à soupe de sucre semoule

Coupez les abricots secs en petits dés. Dans un bol, faites-les tremper dans l'eau de fleur d'oranger. Épluchez les pêches, ôtez la peau, coupez-les en quartiers et ôtez les noyaux. Lavez les abricots, coupez-les en deux et ôtez les noyaux.

Versez l'eau dans une casserole, ajoutez le sucre vanillé et les pêches, puis laissez cuire pendant 7 min à partir de l'ébullition.

Dans une jatte, mixez les abricots avec le sucre semoule. Égouttez les pêches et mixez-les avec les abricots. Égouttez les abricots secs et mélangez-les à la purée.

Servez cette purée, tiède ou froide, accompagnée d'un quatre-quarts.

Pour les petits : émiettez un peu de gâteau dans la purée pour lui donner un peu de consistance.

Poires et marrons

Pour 4 personnes

6 poires au sirop en bocal • 1 bocal de marrons cuits • 4 c. à soupe de crème de marrons • 30 g de beurre • 2 sachets de sucre vanillé • 2 c. à soupe de crème fraîche épaisse

Réservez une demi-poire et deux marrons.

Dans une poêle, faites chauffer le beurre sur feu moyen et ajoutez les poires égouttées et le sucre vanillé. Laissez-les dorer doucement en les retournant de temps en temps. Ajoutez, si nécessaire, un peu d'eau en cours de cuisson pour qu'elles n'attachent pas.

Dans une jatte, écrasez les marrons avec la crème de marrons, puis mixez-les avec les poires et la crème fraîche.

Servez la purée tiède ou froide, accompagnée d'une glace à la vanille. Décorez d'un demi-marron et de quelques petits morceaux de poire.

En saison, bien entendu, utilisez des poires type guyot ou williams. Coupez-les en quatre, ôtez le cœur et les pépins, puis faites-les dorer avec 40 g de beurre pendant environ 20 min, en ajoutant un peu d'eau en cours de cuisson, si nécessaire.

Pommes, poires et fruits secs

Pour 4 personnes

4 pommes type golden • 4 poires • 100 g d'un mélange amandes, noisettes et pistaches • 60 g de beurre salé • 1 c. à soupe de miel liquide • 1 sachet de sucre vanillé

Épluchez les pommes et les poires. Coupez-les en quatre, puis ôtez le cœur et les pépins. Recoupez-les en deux.

Dans une poêle, faites fondre le beurre salé, ajoutez les morceaux de pommes et de poires ainsi que le miel. Faites-les revenir pendant 10 min en les retournant régulièrement pour les faire dorer sur chaque face. Le temps de la cuisson dépend de la maturité des fruits. Ajoutez, si nécessaire, un peu d'eau en cours de cuisson pour que les fruits n'attachent pas.

Versez les fruits dans une jatte et mixez. Ajoutez le sucre vanillé et mélangez.

Dans un hachoir, concassez les amandes, les noisettes et les pistaches puis faites-les griller dans une poêle, sans matière grasse, pendant 3 min. Attention car cela peut brûler rapidement.

Servez dans des verres en superposant des couches de fruits cuits et des couches de fruits secs.

Vous pouvez également mélanger fruits cuits et fruits secs, et remplacer les noisettes par des noix.

Pour les petits : sans les fruits secs… Un délicieux classique !

Bananes, chocolat et fruits secs

Pour 4 personnes

6 bananes • 100 g de chocolat noir truffé • 50 g de noisettes entières • 50 g de cerneaux de noix • 60 g de beurre • 1 sachet de sucre vanillé • 2 c. à soupe de sucre roux

Épluchez les bananes et coupez-les en grosses rondelles.

Dans une poêle, faites chauffer 40 g de beurre sur feu vif et faites revenir les bananes avec le sucre vanillé et le sucre roux. Ajoutez un peu d'eau en cours de cuisson. Laissez-les compoter pendant 5 min en veillant à ce qu'elles n'attachent pas.

Au bain-marie, ou dans un bol au micro-ondes, faites fondre le chocolat avec le reste de beurre.

Dans le bol d'un robot, concassez les noisettes et les noix.

Dans un plat de service, déposez les bananes mixées en une couche épaisse, ajoutez le chocolat fondu puis les noisettes et les noix concassées. Vous obtiendrez alors une purée avec 3 couches.

Dégustez tiède afin que le chocolat reste fondant.

Pour les petits : contentez-vous peut-être d'ajouter de la poudre de noisettes.

Rhubarbe

Pour 4 personnes

800 g de rhubarbe surgelée • 200 g de framboises • 150 g de sucre semoule • 5 c. à soupe d'eau • 2 sachets de sucre vanillé

Lavez les framboises, égouttez-les.

Dans une grande casserole, faites décongeler sur feu moyen la rhubarbe avec le sucre semoule, l'eau et le sucre vanillé jusqu'à ce qu'elle soit cuite et fondante. Mélangez de temps en temps. Ôtez du feu, égouttez-la, laissez-la tiédir puis mixez-la grossièrement avec la moitié des framboises.

Versez la rhubarbe dans un plat de service et laissez-la refroidir. Ajoutez ensuite la moitié restante des framboises et mélangez délicatement.

Servez la purée de rhubarbe tiède ou froide, accompagnée de tuiles aux amandes.

Pommes, fraises et bananes

Pour 4 personnes

6 pommes • 250 g de fraises • 2 bananes • 30 g de beurre • 3 c. à soupe de sucre roux • 1 sachet de sucre vanillé

Épluchez les pommes, coupez-les en quatre, puis ôtez le cœur et les pépins. Recoupez-les en deux. Lavez les fraises. Ôtez les pédoncules et coupez-les en petits dés. Réservez-en quelques-unes pour la décoration. Ôtez la peau des bananes.

Dans une poêle, faites fondre le beurre sur feu moyen et faites revenir les morceaux de pommes avec le sucre vanillé et le sucre roux pendant environ 5 min. Ajoutez de l'eau en cours de cuisson car les pommes vont caraméliser avec le sucre. Ajoutez les bananes coupées en rondelles. Mélangez régulièrement et ajoutez un peu d'eau, si nécessaire, jusqu'à ce que les fruits soient cuits.

Versez le mélange dans une jatte et mixez. Ajoutez les dés de fraise et mélangez.

Servez ce mélange tiède ou frais.

Mûres et myrtilles

Pour 4 personnes

150 g de mûres • 150 g de myrtilles • 6 poires • 2 pommes type golden • 40 g de beurre • 2 sachets de sucre vanillé • 3 pincées de cannelle • 2 c. à soupe de sucre semoule

Rincez puis égouttez les mûres et les myrtilles. Réservez quelques fruits pour la décoration.

Épluchez les poires et les pommes. Ôtez les cœurs et les pépins. Coupez-les en quartiers.

Dans une poêle, faites fondre le beurre sur feu vif. Ajoutez les pommes, les poires et le sucre vanillé. Laissez-les dorer sur chaque face en les retournant régulièrement. Ajoutez, si nécessaire, un peu d'eau en cours de cuisson pour que les fruits n'attachent pas.

Dans une jatte, mélangez les pommes, les poires, les myrtilles, les mûres, la cannelle et le sucre semoule. Mixez le tout.

Servez la purée tiède ou froide, décorée avec quelques mûres et myrtilles, et accompagnée de calissons ou de glace au calisson saupoudrée de cannelle.

Quetsches et mirabelles

Pour 4 personnes

500 g de quetsches • 500 g de mirabelles • 50 g de beurre • 1 sachet de sucre vanillé • 1 c. à soupe de miel liquide

Lavez les mirabelles et les quetsches, puis ôtez les noyaux.

Dans une poêle, faites fondre 25 g de beurre, puis ajoutez le sucre vanillé et les mirabelles. Laissez-les cuire environ 6 min jusqu'à ce qu'elles compotent.

Dans une autre poêle, faites fondre le reste du beurre et le miel, puis ajoutez les quetsches. Laissez-les également compoter.

Mixez grossièrement les deux préparations séparément, puis mélangez-les.

Servez cette purée chaude, tiède ou froide.

À déguster avec des crêpes.

Pommes et coings

Pour 4 personnes

6 pommes • 2 coings • 16 c. à soupe d'eau • 1 bâton de cannelle • 5 grains de poivre blanc • 1 étoile de badiane • 4 c. à soupe de sucre semoule • 40 g de beurre • 1 sachet de sucre vanillé • cannelle en poudre

Épluchez les pommes et les coings, coupez-les en quatre, puis ôtez les cœurs et les pépins.

Dans une casserole, versez l'eau, ajoutez le bâton de cannelle, les grains de poivre concassés, l'étoile de badiane, le sucre semoule et déposez les quartiers de coings. Faites cuire avec un couvercle pendant environ 20 min. Regardez régulièrement s'ils ne manquent pas d'eau. Vérifiez la cuisson des coings avec la lame d'un couteau. Prolongez la cuisson jusqu'à ce qu'ils soient tendres. Laissez-les ensuite infuser dans leur sirop.

Dans une poêle, faites fondre le beurre sur feu vif et ajoutez les pommes et le sucre vanillé. Laissez-les dorer pendant 7 min en les retournant et en ajoutant un peu d'eau en cours de cuisson, si nécessaire.

Égouttez les coings et filtrez le sirop. Mixez les coings avec les pommes.

Servez cette purée avec 1 c. à café de sirop filtré, saupoudrée de cannelle, en accompagnement d'une brioche au beurre ou à la fleur d'oranger.

Vous pouvez ajouter quelques zestes d'orange dans la casserole de coings.

Fraises, framboises et groseilles

Pour 4 personnes

500 g de fraises • 150 g de framboises • 150 g de groseilles • 30 g de beurre • 1 sachet de sucre vanillé • 40 g de sucre semoule

Lavez les fraises, les framboises et les groseilles. Égouttez-les. Ôtez les petites branches des groseilles. Ôtez les pédoncules des fraises et coupez-les en quatre.

Dans une poêle, faites chauffer le beurre, le sucre vanillé et les fraises. Laissez-les compoter doucement pendant environ 5 à 6 min en remuant régulièrement.

Dans une jatte, mélangez les framboises, les groseilles et le sucre semoule. Écrasez-les avec une fourchette. Égouttez les fraises cuites et versez-les dans la jatte. Écrasez-les aussi, mais plus grossièrement. Mélangez.

Servez cette purée tiède ou froide.

Vous pouvez servir cette purée avec une crème chantilly que vous poserez au centre des assiettes ou une crème fouettée parfumée à la noix de coco.

Index des recettes

Index des ingrédients

Cet index ne comprend pas les ingrédients de base du type farine, sel, sucre, crème fraîche, huile, beurre ou lait.

Shopping

Gien
18, rue de l'Arcade, 75008 Paris
Points de vente au 01 42 66 52 32

Guy Degrenne
Points de vente au 02 31 66 44 00
www.guydegrenne.fr

Haviland
Points de vente au 01 42 66 36 44 00

Le Jacquard français
Points de vente au 03 29 60 61 99

Orfèvrerie Riux-Marquiand
Points de vente au 04 72 53 99 15

Potiron
57, rue des Petits-Champs, 75001 Paris
01 40 15 00 38

Robert le Héros
www.robertleheros.com

Véronique Pichon (faïence)
19 bis, rue de la Gare, 30700 Uzès

Remerciements

À toute l'équipe Minerva qui m'a renouvelé sa confiance et m'a permis d'écrire cet ouvrage avec beaucoup d'enthousiasme.

À mes deux enfants et mon mari : les trois amours de ma vie.

À mes parents et beaux-parents qui nous accompagnent avec tant de bienveillance.

À Catherine Bouillot et Alain Gelberger, styliste et photographe de ce livre pour leur accueil, leur bonne humeur et leur travail.

À mes proches et amis qui me suivent et m'encouragent. À mes lecteurs et critiques qui me font évoluer à chaque livre. À ma bonne étoile qui me surprendra toujours…

Cet ouvrage a été réalisé d'après l'œuvre originale
Mes purées salées et sucrées, de Nathalie Combier,

Édition :
Sophie Zagradsky/Chine

Conception graphique :
Florence Cailly/Chine

Réalisation :
Émilie Boismoreau/Chine

Connectez-vous sur :
www.editionsminerva.fr

ISBN : 978-2-8307-1107-3

Achevé d'imprimer en décembre 2008
sur les presses de l'imprimerie Mame à Tours
Dépôt légal : janvier 2009
Imprimé en France